# CONCILIATION INTERNATIONALE

* * *

# La propagande pacifique

# au Japon

* *

RAPPORTS DE M. LE D<sup>r</sup> TSUNEJIRO MIYAOKA

SECRÉTAIRE GÉNÉRAL DE LA CONCILIATION INTERNATIONALE AU JAPON

POUR 1910

N° 5 — MAI

DELAGRAVE, ÉDITEUR, PARIS

1910

# CONCILIATION INTERNATIONALE

## EXTRAIT DES STATUTS

L'Association, dite *Conciliation Internationale*, a pour objet de développer la prospérité nationale à la faveur des bonnes relations internationales, et d'organiser ces bonnes relations sur une base permanente et durable.

Elle a son siège :

à Paris, 78 bis, Avenue Henri-Martin (16e).

à Berlin, 40, Ahornallee Westend ;

à New-York, Sub-Station 84.

à Bruxelles : Office central des institutions internationales, 3 bis, rue de la Régence ;

à Londres ;

à Tokyo : Dr Tsunejiro Miyaoka, 1, Kagacho, Kyobashiku, Tokyo ;

à Odessa (Russie) : M. J. Novicow, 8, rue Jouboski ;

à Vienne : M. Alfred H. Fried, 5, Wiederhoferstrasse, Vienne ;

à Rome, à Kristiana, à Buenos-Ayres, à Rio-Janeiro, à St-Pétersbourg, à Constantinople (en formation).

Les principaux moyens d'action par lesquels elle se propose de réaliser son œuvre sont les suivants : Éducation de l'opinion, Développement de l'arbitrage. Rectification des informations tendancieuses. Revue Internationale. Publications, conférences, congrès, auditions, expositions. Diffusion des langues étrangères. Échange de visites internationales entre Parlements, commerçants, étudiants, associations scientifiques, artistiques, ouvrières, professionnelles. Missions et expéditions scientifiques. Fondation de prix et de bourses de voyage. Échange international d'enfants, d'élèves, de professeurs, d'ouvriers. Création, en dehors de tout esprit de parti, d'une *Maison des Étrangers*, centre de relations entre les personnalités d'élite du monde entier.

---

S'adresser pour tous renseignements, adhésions, etc., *78 bis, Avenue Henri-Martin, Paris* XVIe. — Téléphone 693-61 et 672.88. Télégrammes CONCILIA Paris.

# CONCILIATION INTERNATIONALE

* * *

# La propagande pacifique au Japon

RAPPORTS DE M. LE Dr TSUNEJIRO MIYAOKA
SECRÉTAIRE GÉNÉRAL DE LA CONCILIATION INTERNATIONALE AU JAPON
POUR 1910

Nº 5 — MAI



DELAGRAVE, ÉDITEUR, PARIS
1910

# INTRODUCTION

*  *

Notre effort consiste à nouer des relations qui nous permettent de faire pénétrer partout nos idées sous le patronage des esprits les plus autorisés. Le Japon traverse une crise grave ; nul plus que nous n'admire les chefs-d'œuvre de ses artistes, la vaillance héroïque de ses populations, ses hautes aspirations morales, et, en même temps, nous sommes inquiets, avec bien d'autres, de son avenir. Son rôle moralisateur, civilisateur pourrait être magnifique non seulement en Extrême-Orient mais dans le Monde ; va-t-il y renoncer pour suivre les erreurs de l'Europe moderne ? dédaignera-t-il la gloire d'élever les âmes asiatiques et de les donner comme exemples en les dirigeant vers le progrès ? sacrifiera-t-il sa noble mission de guide à la triste ambition de caporaliser sa race ? Les lauriers de Napoléon I<sup>er</sup> ont déjà coûté assez cher à la France ; faut-il que leur souvenir empêche de dormir les Américains, les Allemands, les Japonais ? Ceux là seuls qui résisteront à cette fièvre, ceux là seuls qui, renonçant à dominer les autres sauront se dominer eux-mêmes, seront les maîtres de l'avenir. La période des guerres de conquête appartient à un âge disparu ; les peuples ne la laisseront pas ressusciter.

Malheureusement les Européens ne voient que la surface des êtres et des choses au Japon, et il en est de même en Europe des Japonais. Ces derniers croient avoir tout vu et pouvoir tout juger quand on leur a fait faire le voyage classique des usines du Creusot ou d'Essen. La moindre visite dans nos campagnes, dans les milieux où s'élabore silencieusement notre vie nationale, leur en apprendrait davantage. Quoiqu'il en soit, le Japon étant considéré, à tort ou à raison, comme réfractaire à notre propagande et comme un danger plus ou moins lointain pour la paix, nous avons prié notre distingué correspondant M. le P<sup>r</sup> Miyaoka de nous écrire ses impressions sans optimisme, en toute sincérité.

Ses rapports attestent que, si le Japon est loin d'être gagné à la cause de la Conciliation

Internationale, on commence pourtant à s'y rendre compte que cette cause est nationale, patriotique au premier chef ; il y devient clair, pour beaucoup d'hommes d'élite, que l'intérêt supérieur de chaque Etat est d'éviter les pièges usés du chauvinisme ; chacun comprend que, tout en organisant rationellement sa défense nationale pour mettre son pays à l'abri de toute agression, un Gouvernement doit s'efforcer parallèlement d'organiser la justice internationale, la sécurité du lendemain, la paix extérieure, condition essentielle de la prospérité intérieure ; condition du développement du travail, de l'agriculture, de l'industrie, du commerce, de la production, en un mot, et du progrès moral, intellectuel et matériel.

C'est à ces hommes raisonnables que s'adresse notre propagande raisonnable et désintéressée. D'autres vont par le Monde contrebalancer notre action, surexciter la fièvre générale et parler contre la limitation des armements. C'est la loi naturelle, la concurrence inévitable des influences ; mais qu'on ne s'y trompe pas ; le succès ne sera pas toujours du même côté. A lire les journaux bien-pensants de tous les pays, il semblerait que la mesure du patriotisme soit en proportion des commandes de matériel de guerre consenties par un Gouvernement ; le

plus patriote serait celui qui achèterait le plus
de Dreadnought, et celui qui les paierait le plus
cher : « Commandez-moi des Dreadnought de
cent millions pièce et mes journaux vous
tresseront des couronnes, mes amis vous feront
voter dans les Assemblées des ordres du jour
de confiance en termes flétrissants pour les
Pacifistes, ces conseilleurs de lâcheté ». C'est
bien, pour un temps, mais tout s'use. Il ne
faudra qu'un jour, une invention, un discours
ému, un mot juste, pour réduire cette campa-
gne à ce qu'elle vaut ; déjà elle est à bout
d'arguments, impopulaire en Europe, et c'est
pourquoi elle se réfugie dans l'exportation.
Signe décisif. Les Gouvernements Européens
étant saturés de commandes, les Parlements
inquiets, l'opinion en défiance, les fournisseurs
de la marine et de la guerre se tournent vers
l'Amérique et l'Asie, à peu près comme on
vendait naguère les fusils de traite aux populations de l'Afrique centrale. Mais aujourd'hui
tout se sait, et l'opinion ne tardera pas à juger
les exportations du militarisme aussi sévèrement
que ses excès à l'intérieur. Voyez, par exemple
nos amis Turcs ; ils n'ont aucunement besoin
de cuirassés ; on les oblige pourtant à compromettre leurs finances, leur crédit, par conséquent
leur sécurité, pour acheter de vieux cuirassés

allemands. Trouvera-t-on cela naturel ? Personne, en dehors de nous, ne posera-t-il cette question si simple : les cuirassés avariés en Allemagne sont-ils donc assez bons pour la Turquie ? En a-t-elle besoin pour assurer l'ordre à l'intérieur de ses frontières ou pour repousser les agressions de ses voisins ? Seront-ils suffisants pour soutenir, le cas échéant, ses prétentions en Crète contre la volonté de l'Europe ? Ne seront-ils pas superflus, s'il s'agit de tenir en respect la flotte grecque et les populations de l'intérieur ?

De même la République Argentine, le Brésil, l'Espagne achètent à qui mieux mieux, parait-il, sur les conseils de nos voyageurs en armements, des cuirassés ; de même la Russie, malgré la Douma. Il en sera ainsi jusqu'au jour où, les protestations populaires devenant les plus fortes, ces folies devront cesser par leur excès même, par l'absurdité des conséquences où elles aboutissent, par les progrès enfin de la science qui, de plus en plus rapidement, tend à rendre illusoires la plupart des dépenses d'agression que nous décorons du beau nom de patriotiques. Quand la navigation sous-marine et la navigation aérienne auront réalisé les progrès qu'elles promettent ; quand la télégraphie sans fil et l'emploi de la puissance électrique à grande distance se seront généralisés, quand il sera démontré enfin que les escadres cuirassées ne sont plus qu'un luxe encombrant, comme les forteresses du moyen-âge, alors on rendra justice aux hommes désintéressés qui auront voulu servir leur pays et la paix du monde en modérant ce luxe ruineux ; on leur saura gré d'avoir dédaigné, comme elles le méritent, les attaques des avocats.

En attendant, nous sommes heureux de voir au Japon des hommes d'Etat de la valeur du Comte Okuma prendre en considération nos idées.

La France joue dans le Monde un rôle ingrat mais très beau depuis qu'elle a cessé de menacer et d'inquiéter ses voisins. On attribue légèrement à ses défaites d'il y a quarante ans son attitude pacifique et, plus légèrement encore, on est tenté de considérer cette attitude comme une sorte de déchéance.

La vérité est que la France républicaine travaille tous les jours à prendre sa revanche ; mais, au lieu de la chercher dans la guerre, où elle serait toujours à recommencer, elle la trouve dans son travail acharné, dans la paix. Elle n'écoute plus les fanfarons et les chauvins qui l'ont perdue tant de fois. Malgré sa faible natalité, malgré les dettes accablantes qu'elle a héritées du passé, malgré les fautes qu'elle est obligée de commettre encore trop souvent sous l'influence persistante de ce passé, elle développe tous les jours sa richesse, son crédit, son esprit d'invention. Elle n'exporte pas, il est vrai, comme l'Allemagne, des marchandises très apparentes, et les observateurs superficiels en concluent avec une complaisance puérile qu'elle est inactive ; en réalité elle est en perpétuelle fermentation pour son propre bien et pour le bien du Monde. La plupart de ses habitants s'enrichissent tandis que le reste enrichit le Monde. N'est-ce pas une revanche que d'avoir servi, comme elle l'a fait, sans parler du reste, la découverte et les applications de l'automobile, des submersibles, des aéroplanes ? N'est-ce pas une revanche que d'avoir élucidé, au prix de quels efforts et de quelles luttes, des questions telles que l'affaire Dreyfus, la Séparation des Eglises et de l'Etat à l'intérieur, et d'avoir posé celle de la Justice internationale à l'extérieur ?

Nos amis japonais, de même que les Américains du Nord ont une tendance à croire que la France a cessé plus ou moins d'exister depuis qu'elle a été vaincue par l'Allemagne. C'est tout le contraire : le malheur nous a instruits

et vivifiés en nous obligeant à tirer de nous
mêmes toutes nos ressources ; l'infinie variété
comme l'abondance de ces ressources nous a
valu plus de prestige et plus de confiance dans
le monde que des victoires.

On a vite fait de saluer le succès des
armes ; certes il est honorable et grand quand
il assure la liberté d'un peuple et la sauvegarde
du droit, mais il prépare aussi la servitude, et
c'est un succès qui se paie tôt ou tard.

Si nos amis japonais veulent se donner la
peine d'étudier la France vaincue mais labo-
rieuse, ils y trouveront autant d'enseignements,
sinon plus, que chez ses vainqueurs.

Me permettra-t-on un souvenir personnel ?
C'était pendant la seconde conférence de La
Haye, en 1907. Là, nous avons été, nous
français, ce que nous sommes en France ; les
étrangers ont pu nous voir à l'œuvre, passion-
nés mais unis pourtant dans un même
dévouement à la Justice et à la Vérité. Avant
tout et comme toujours, nous avons travaillé,
et cette collaboration quotidienne à l'œuvre
commune a été un lien entre tous nos collègues étrangers sans distinction et nous. Nous
avons discuté, de toutes nos forces bien
différentes mais associées, avec les Allemands,
les Japonais, avec tous les adversaires de l'arbi-

trage, mais nous nous sommes quittés amis, vraiment pénétrés les uns pour les autres d'une estime mutuelle.

Pendant cette longue conférence de quatre mois, nous avons vu fréquemment nos collègues Japonais dans l'intimité ; nous n'avons jamais eu qu'à nous louer de la sûreté de leurs relations et nous avons pu causer librement. Un soir, un de nos compatriotes des plus épais, étranger à nos travaux, parlait du caractère français avec autant de lourdeur que d'injustice ; il évoquait ses souvenirs de jeunesse, ce qui l'autorisait sans doute à prétendre que les étudiants français ne font rien. Notre ami Japonais lui répondit par ces simples mots : « J'ai fait pendant un an mes études au quartier latin avec un très grand nombre d'étrangers ; j'ai constaté que, parmi tous les étudiants, *les français étaient toujours les premiers au travail.* »

La France se lève tôt ; ceux qui la jugent par le bruit de ses discussions et par le tintamarre de ses plaisirs parisiens et cosmopolites ne la connaissent pas. Un peuple qui se lève avant les autres pour travailler est un peuple passionné peut-être mais non frivole ni débauché ; il cherche, il essaie, il invente, il échoue ou il réussit, mais, s'il échoue, il recommence ; il ne se décourage jamais ; ses malheurs sont un enseignement dont profite avec lui le monde entier.

Quel est donc l'observateur impartial qui rendra justice aux services et à l'avenir de la France vaincue ?

D'ESTOURNELLES DE CONSTANT.

—

## Quatrième Assemblée annuelle de la Société Japonaise de la Paix

La quatrième Assemblée annuelle de la Société japonaise de la Paix a eu lieu au Collège des Hautes Etudes Commerciales de Tokio, le 16 janvier 1910, à midi. Conformément au règlement, les membres de cette Société doivent, en effet, se réunir une fois par an, pour prendre connaissance des rapports relatifs aux travaux accomplis, approuver le compte des recettes et des dépenses, fixer le budget et le programme des travaux de l'année suivante, élire les directeurs, et traiter, en général, les questions qui intéressent l'activité de ce groupement.

L'Assemblée générale du 16 janvier 1910, devait clôturer ses travaux à une heure ; elle devait être suivie de conférences publiques ; on devait procéder ultérieurement à l'installation du Comte Okuma en qualité de Président de la Société.

Dans ces conditions, la séance fut extraordinairement animée ; quinze cents personnes environ y prirent part. Il y a lieu, toutefois, d'observer que ce nombre ne comportait pas plus de soixante membres de la Société sur 248 adhérents.

L'annonce de la présidence du Comte Okuma et de son discours, ont certainement contribué, par dessus tout, à attirer cette assistance exceptionnelle. Si, fondée depuis plus de trois ans et demi, la Société compte encore si peu d'adhérents, il n'y a lieu ni de dissimuler ce fait, ni de se décourager. Tous les mouvements sont lents à leurs débuts ; mais il convient d'être patient, et d'en suivre attentivement les progrès, quelque faibles qu'ils puissent être.

L'Assemblée générale, après avoir adopté les rapports d'usage relatifs aux travaux et au budget, ainsi que quelques amendements au règlement de la Société, procéda à l'élection des Directeurs. M. S. Ebara, ancien membre de la Chambre des Représentants, occupait le fauteuil présidentiel. M. K. Hayashi prononça une allocution au nom du Comte Itagaki, empêché par une indisposition d'assister à la réunion. M. Ebara, le professeur Terao, le Révérend Gilbert Bowles, M. Okoshi (ancien ministre du Japon au Brésil) et le Révérend I. H. de Forest prirent successivement la parole.

M. Ebara, s'adressant pour la seconde fois à l'Assemblée, exposa les motifs pour lesquels on proposait de demander au Comte Okuma de présider la Société. M. Hayashi souhaita la bienvenue au Comte ; le public salua ce compliment de trois hourrahs enthousiastes.

Le Comte Okuma commença alors son discours qui ne dura pas moins d'une heure et demie. En voici le résumé :

« L'orateur débute par de fortes réserves sur la réalisation d'un plan de paix universelle. Napoléon III avait proposé de réunir une Conférence de la Paix : n'a-t-il pas été contraint de soutenir une guerre immense et désastreuse ? Le Tzar de Russie convoqua la première Conférence de la Paix à La Haye ; peu de temps après, l'action de son propre Gouvernement provoquait la guerre russo-japonaise. L'ironie du destin veut, qu'au cours de l'histoire, les partisans de la cause de la paix troublent eux-mêmes la paix.

« L'éminent homme d'Etat examine ensuite la question des armements ; il attire l'attention de l'Assemblée sur l'augmentation progressive des dépenses militaires et navales des puissances. Il rappelle les difficultés budgétaires auxquelles se heurtent les Gouvernements de la Grande-Bretagne, de l'Allemagne et des Etats-Unis, par suite du prodigieux accroissement de ce fardeau ; il regrette enfin que le Japon ne fasse pas exception à cet entraînement.

« Tandis que les Japonais se flattent d'avoir

atteint un degré de civilisation qui permet justement à leur pays de figurer parmi les puissances de premier ordre, plusieurs peuples s'obstinent à les considérer comme un « peuple de race jaune. » L'orateur déplore que l'on distingue les races par la couleur de la peau. Il évoque l'attitude du Natal qui refuse de traiter les immigrants japonais comme les autres immigrants, cite les lois de certains Etats de l'Amérique du Nord et signale les conséquences périlleuses où ces mesures d'exception peuvent conduire. Analysant les causes qui contraignirent les colonies américaines à déclarer la guerre à leur mère-patrie en 1776, il déclare que les principes dont s'inspirèrent les fondateurs de la nation américaine s'appliquent aussi fortement à tous les peuples auxquels on dénie le droit naturel des hommes à l'égalité.

« La paix internationale doit reposer sur deux bases fondamentales : la sympathie des peuples forts pour les peuples faibles ; la garantie d'une moralité internationale. La magnanimité et la sympathie doivent caractériser l'attitude du Japon en face des nations moins puissantes ; l'orateur reconnaît que l'insouciance avec laquelle on a violé ce principe fondamental a malheureusement contribué, dans certains milieux, à faire suspecter la politique japonaise. »

Le discours du Comte Okuma a été écouté avec un profond intérêt. A l'issue de la réunion, le Secrétaire avait reçu vingt demandes d'admission ;

elles attestent clairement le succès de cette manifestation.

Il nous paraît utile, avant de terminer ce rapport d'exposer brièvement l'action de la Société dans le passé, sa situation dans le mouvement pacifique japonais ainsi que son programme.

La Société japonaise de la Paix a été créée à Tokio le 18 mai 1906, jour anniversaire de la réunion de la première Conférence de la Paix. Ses assemblées annuelles ont eu lieu les 20 janvier 1907 ; 23 mars 1908, 18 janvier 1909. Deux autres réunions ont été provoquées en 1909, dont une assemblée générale extraordinaire, et une séance consacrée à des conférences publiques.

La Société a fondé au mois de mai 1907 la revue mensuelle *Heiwa* ou *La Paix*. Six fascicules ont paru en 1907, trois fascicules du mois de janvier au mois de mars 1908, à dater duquel cette publication a été suspendue. Le nombre total des membres de cette Société n'est actuellement que de 248.

Le 11 Novembre 1907, une Société de la Paix a été créée à Kyoto sous le nom de « Société Orientale de la Paix ». On remarque, parmi ses membres fondateurs, le Maire de Kyoto, le Président de la Chambre de Commerce de Kyoto, des

Députés, des Professeurs et diverses autres personnalités ; elle compte, dit-on, plus de 400 adhérents.

Il y a donc deux Sociétés de la Paix au Japon, l'une instituée à Tokio, l'autre à Kyoto ; elles n'ont, ni l'une ni l'autre, l'importance d'une organisation nationale.

Des membres venus des villes de Yokohama, de Mito et de Sendai assistaient à l'Assemblée générale du 16 janvier 1910 ; l'Assemblée reçut en outre des télégrammes de félicitations de la Société Orientale de la Paix de Kyoto, ainsi que d'adhérents résidant en Corée, à Osaka et dans d'autres villes du Japon. Les personnes qui s'intéressent aux travaux de la Société sont donc disséminées en maint endroit ; toutefois il faut reconnaître que la Société japonaise de la Paix est encore embryonnaire et qu'elle a besoin de se développer avant de constituer une organisation nationale.

Voici le programme qu'elle a adopté :

1° Elle s'efforcera de rallier les personnes compétentes à son action.

2° En dehors de l'Assemblée générale ordinaire et annuelle, ses membres se réuniront en séance spéciale tous les deux mois.

3° Tous les deux mois également, et lorsque la séance régulière de la Société prévue par le paragraphe précédent n'aura pas lieu, il sera donné des conférences publiques de propagande pacifique.

4° La Société reprendra, le plus tôt possible, la publication d'une revue mensuelle.

## Conclusion :

Les arts de la paix ont été cultivés de longue date au Japon. L'amour de la paix a été inculqué au peuple japonais, de diverses manières, par sa vie de famille et par sa vie sociale, mais le mouvement pacifique n'a pris que très récemment, au Japon, la forme qu'il a adoptée en Europe et en Amérique. Il devra se développer encore avant d'y constituer un facteur national et social.

# RAPPORT N° 2

—

## Société Japonaise de la Paix

Le 27 février, lors de la réunion des directeurs de la Société japonaise de la Paix, il a été décidé que cette Société s'efforcerait :

1° De publier, en japonais et en anglais, une revue périodique qui puisse servir d'organe à la Société, et lui permettre de poursuivre sa propagande pacifique.

2° De publier des livres (travaux originaux ou traductions), de nature à favoriser, directement ou indirectement le développement du mouvement pacifique.

3° D'améliorer l'installation du bureau de la Société et d'y constituer une bibliothèque renfermant les ouvrages et la littérature courante relatifs au mouvement pacifique.

4° De créer un bureau chargé de recueillir des rapports et des renseignements sur les événements qui se produisent à l'étranger, et qui exercent une action directe ou indirecte sur l'amélioration des relations internationales.

5° D'organiser des réunions mensuelles de ses membres, consacrées à l'étude de la question pacifique.

6° De faire des conférences publiques, une fois par mois, au moins, afin de répandre l'idée de la paix.

7° D'entretenir une correspondance plus active avec la Société internationale de la Paix, à laquelle la Société japonaise de la Paix est déjà affiliée, et avec d'autres Sociétés pacifiques d'Europe et d'Amérique.

8° De déléguer autant qu'il sera possible, un membre de la Société japonaise de la Paix aux assemblées annuelles de la Conférence internationale de la Paix.

9° De nommer graduellement des correspondants de la Société à l'étranger.

10° De s'efforcer, lorsqu'un personnage étranger important vient au Japon, de lui faire comprendre et apprécier l'attachement des Japonais au maintien de la Paix.

En dehors de ce programme, dont l'exécution intégrale, ne peut, évidemment, avoir lieu sans délai, la Société se propose de réaliser immédiatement les objets suivants :

*a)* publier, dans une langue européenne, une étude historique sur le développement de l'idée de la Paix et du mouvement pacifique au Japon, ainsi qu'un exposé de l'état actuel des Sociétés japonaises de la Paix, afin de distribuer ces documents aux Sociétés de la Paix étrangères, à d'autres associations et à des particuliers.

*b)* organiser une série de conférences publiques dans les différents quartiers de la ville de Tokio, et, éventuellement, dans les diverses régions de l'empire, afin d'y poursuivre la propagande pacifique ; charger les comités de la Société d'inviter le public à soutenir la cause de la Paix.

En exécution de cette dernière résolution, la Société japonnaise de la paix a donné sa première série de conférences publiques le dimanche 6 mars, après-midi, à l'école technique de Tsukiji, qui dépend du Gouvernement local de Tokio. Les orateurs furent le professeur K. Higuchi, de l'Université de Waseda, M. A. Hattori, membre de la Chambre des Représentants et M. J. Russell Kennedy, chef de la section du Japon et de la Corée de l'*Associated Press* d'Amérique.

M. Higuchi commença, en tirant des comptes définitifs des budgets des dernières années et du projet de budget actuellement soumis à la Diète impériale, des chiffres permettant d'évaluer les crédits affectés par le Japon à l'armée et à la marine, au service de la dette nationale et à l'administration générale, relativement au total des dépenses du Gouvernement impérial. Il lut également des statistiques extraites du rapport qui, présenté par la Société anglaise de la Paix à l'exposition de Paris, appelait l'attention publique sur le montant total des dépenses militaires du monde, sur la somme des intérêts des emprunts émis par les différentes nations afin de couvrir les frais de leurs guerres, sur le nombre des hommes tués dans les guerres qui ont eu lieu depuis le début de l'histoire et sur l'évaluation des dépenses occasionnées par ces guerres. Le professeur Higuchi remarqua que, dans les guerres futures, le chiffre des dépenses s'accroîtra progressivement, comme le nombre des vies humaines sacrifiées. Il décrivit ensuite l'enthousiasme soulevé dans les différents pays par le mouvement pacifique, lequel résulte nécessairement des faits dont il venait d'entretenir l'assemblée. Il insista sur cette condition primordiale de la paix universelle, à savoir qu'elle suppose une organisation capable d'imposer le respect de la justice internationale. Tout en admettant qu'il est impossible de créer, dans un temps rapproché, un système de justice internationale obligatoire, il estime que le monde s'avance dans la bonne voie. Le fait que le maintien de la paix internationale constitue déjà une question de moralité internationale est un symptôme évident de la tendance de l'humanité à reconnaître que, dans les relations internationales aussi bien que dans les rapports entre les individus, il est du devoir de l'homme de maintenir la paix en la fondant sur le respect des droits d'autrui.

M. Hattori, présenté par M. Ebara, fondateur de la Société japonaise de la Paix, prit ensuite la parole.

Il débuta par l'éloge de Florence Nightingale. Il déclara ensuite que les victoires remportées par les armées japonaises sur les champs de bataille de la Mandchourie ne doivent pas être considérées, de quelque manière que ce soit, comme l'écrasement de la Russie ; le fait que le monde reconnaît la puissance militaire du Japon ne suffit pas, d'autre part, à faire considérer le Japon comme une puissance de premier ordre. *C'est de l'œuvre civilisatrice du Japon que dépend son admission au nombre des grandes puissances.* Ce qu'il accomplit, en faveur de la paix, pour le progrès de l'humanité, voilà le seul critérium de son droit à entrer dans leur cercle. M. Hattori parla du patriotisme en temps de paix, et regretta que la liste des membres de la Société japonaise de la Paix ne compte actuellement que trois cents noms.

Au cours de la courte allocution qu'il prononça pour présenter M. J. Russel Kennedy de l'*Associated Press*, M. Kaneaki Hayashi lut une lettre que la Société de la Paix de Moscou a adressée récemment à la Société japonaise de la Paix pour lui annoncer sa constitution en octobre 1909.

Le discours de M. Kennedy a été chaleureusement applaudi. Il a été lu par l'orateur qui l'avait visiblement préparé avec beaucoup de soin. Comme il est impossible d'analyser un document de ce genre dans un rapport si bref, j'ai l'honneur de vous en adresser un exemplaire.

La Société japonaise de la Paix se propose de donner désormais une série de conférences publiques, une fois par semaine, pendant dix semaines dans les différents quartiers de Tokio. Dans la lettre qui accompagnait mon premier rapport sur le mouvement pacifique au Japon, je redoutais moins l'opposition faite à nos idées que l'indifférence publique. Cette prédiction ne s'est malheureusement que trop réalisée à l'occasion de la conférence du 6 mars. Dans une salle assez vaste pour contenir deux cents cinquante à trois cents auditeurs, il n'y eut que trente cinq personnes présentes, en comprenant dans ce chiffre les orateurs et les membres de la Société. Nous espérons, toutefois, que les prochaines conférences attireront un public de plus en plus nombreux.

# RAPPORT N° 3

—

## Société Japonaise de la Paix

Conformément à la décision qu'a prise la Société japonaise de la Paix, d'organiser des réunions dans les différents quartiers de Tokio, la seconde conférence a eu lieu le samedi 12 mars, dans le local de l'association chrétienne des jeunes gens, à Mitoshirochô, Kanda, Tokio. L'assistance y fut plus considérable que précédemment. Soixante personnes environ prirent part à cette réunion. Le progrès est probablement dû à ce que le quartier de Kanda est celui qui compte le plus grand nombre d'étudiants.

M. Hirasawa, *attorney at law*, le Révérend F. W. Clement, professeur, M. T. Miyaoka, *attorney at law*, correspondant de la Conciliation internationale, M. Y. Mukô, professeur et M. K. Hayashi, prirent successivement la parole.

M. Hirasawa, présenté par M. Ebara, donna lecture de statistiques relatives aux dépenses occasionnées par les guerres modernes ; il rappela les termes de la circulaire russe qui précéda la 1re Conférence de La Haye, et résuma les résultats obtenus par cette conférence. Il exposa le dévelop-

Le Comte Okuma présidant la Société de la Paix à Tokyo.

pement historique de l'Arbitrage international, énumérant les traités spéciaux ou généraux les plus importants. Il insista enfin sur la nécessité, pour le Japon, de limiter ses dépenses militaires et navales et de travailler à l'accroissement de sa richesse nationale.

Le Rev. E. W. Clement, présenté par M. Muko, s'exprima remarquablement en japonais : il affirma que les nations étrangères considéraient à tort le Japon comme une nation belliqueuse et ambitieuse, et fit part de son désir d'étudier devant ses compatriotes d'Amérique le Japon, aux points de vue agricole, industriel, commercial, politique, social, littéraire, esthétique, moral, etc.

M. Miyaoka exposa l'organisation et le fonctionnement de la Conciliation Internationale de Paris. Il expliqua que le mouvement pacifique associe des hommes appartenant à toutes les opinions ; il en est peut-être, parmi eux, qui veulent la paix à tout prix,[1] mais leur immense majorité sait qu'une paix à tout prix est synonyme d'esclavage, qu'elle implique la négation du droit et de la justice. Ce que les promoteurs de ce mouvement s'efforcent de créer, c'est, au contraire, un organisme qui assure le respect de la justice internationale sans qu'il soit nécessaire de recourir aux armes. D'énor-

---

[1] Cela est plus que douteux, mais, en tous cas, cela est contredit formellement par tous les actes et tous les écrits de tous les membres connus de la Société sans exception.

mes dépenses militaires et navales caractérisent partout notre temps ; on dit qu'elles garantissent la paix : mais le problème de la garantie de la paix et de la justice réclame l'attention des maîtres de la pensée. M. Miyaoka constata avec regret que, si le Japon consent les mêmes sacrifices que les autres puissances, en faveur de sa défense nationale, il ne contribue aucunement à l'institution de la justice internationale.

Le professeur Mukô signala les regrettables paroles que les journaux attribuent à certaines personnalités importantes de New-York, au sujet du soi-disant « conflit inévitable entre le Japon et les Etats-Unis. » Ce conflit, dit-il, est invraisemblable. Une guerre moderne suppose une accumulation considérable de richesses, et les ressources limitées du Japon ne lui permettent pas de tenir tête aux autres grandes puissances dans la course des armements. Il insista sur l'activité industrielle et économique de l'Allemagne, sur l'extension de ses affaires dans l'Est de l'Asie et sur l'acuité de sa concurrence commerciale avec les Etats-Unis. Le développement commercial doit être le but du Japon. Il a besoin de construire, non pas une flotte de guerre, mais des bateaux de commerce. L'orateur critiqua certaines tendances regrettables du système d'éducation japonais et assura que l'éducation des garçons et des filles doit être fondée sur l'affirmation que le seul moyen par où le Japon puisse atteindre une réelle grandeur est le développement pacifique de son commerce et de son industrie.

M. K. Hayashi constata, en terminant la soirée, que la paix souhaitée par la Société japonaise n'est pas une paix honteuse. La prospérité industrielle et commerciale ne constitue pas une fin en elle-même. Rappelant que les ambitions personnelles d'hommes d'Etat sans scrupules ont parfois décidé de la guerre, il établit qu'il y a des buts supérieurs à la prospérité matérielle comme à la gloire des conquêtes militaires. Le Japon doit avoir pour ambition d'assurer le maintien de la paix en Extrême-Orient. Pour accomplir cette mission, son armée, sa marine, doivent être puissantes ; mais il ne devra jamais oublier que la suprême raison de sa force militaire et navale est le maintien de la paix dans l'Est de l'Asie.

# RAPPORT Nº 4

—

## Mouvement de la Paix au Japon

Le 25 mars, le Comte Okuma, Président de la Société japonaise de la Paix a donné une réception dans sa résidence de Waseda, à Tokio, en l'honneur de notre ami M. Melville E. Stone, directeur général de la Presse associée Américaine. Le nombre des auditeurs était d'environ 160 et comprenait l'Ambassadeur d'Amérique, le baron Shibusawa et d'autres personnalités connues des cercles commerciaux, politiques, industriels, scientifiques et littéraires.

Le Comte Okuma prononça le discours de bienvenue dont voici le resumé. Il commença par constater un certain malentendu actuel concernant le Japon et insista sur le grave danger de ce malentendu dans les questions internationales. Il fit appel à M. Stone pour rectifier de tout son pouvoir les impressions erronées de l'étranger concernant le caractère et les aspirations du peuple japonais.

L'humanité a le droit d'être fière des progrès de la moralité individuelle, résultat de plusieurs

siècles de culture morale et intellectuelle. La
moralité internationale, en revanche, est en retard.
Cela est si vrai que le maintien de la Paix générale ne s'obtient qu'au prix d'armées réunissant
dix millions d'hommes et au prix de flottes repré-
sentant un total de cent cinquante millions de
tonnes et une dépense annuelle d'environ quinze
milliards de francs.

Les Japonais passent pour un peuple guerrier
parce qu'ils ont eu le malheur d'être obligés de
faire la guerre deux fois en dix ans. Cependant le
Japon aime autant la Paix que l'Amérique, bien
que celle-ci ait été forcée de faire la guerre étran-
gère et civile.

Le danger pour la Paix internationale se trouve
là où la puissance de résistance est faible. De
même que la péninsule des Balkans a été le point
faible du système politique européen, de même la
Chine est le point faible de l'Extrême-Orient. Si
la Chine était modernisée et atteignait le degré
nécessaire de cette civilisation qui a donné tant de
puissance et de force aux nations modernes, elle
deviendrait sûrement le rempart de la Paix en
Asie Orientale. Toute la politique du Japon
s'appuie sur cette vérité.

M. Stone répondit en faisant l'éloge des relations pacifiques du Japon et de l'Amérique. Loin
de s'affaiblir, l'union des deux pays s'est fortifiée.
M. Stone attribua les progrès de la Paix au développement de l'Arbitrage international et fit

allusion au plaisir qu'il avait éprouvé à Paris en entrant en relations avec la « Conciliation ». Le progrès des communications générales conduit tous les Etats du Monde vers une Fédération ; le jugement de l'opinion universelle est devenu une puissante garantie de la Paix.

## RÉSUMÉ DES RAPPORTS N<sup>os</sup> 5, 6 & 7

En ce qui concerne les dépenses militaires, les Sociétés de la Paix reconnaissent qu'elles sont lourdes au Japon, mais elles estiment qu'elles sont nécessitées par l'accroissement de celles des autres pays. Elles pensent que le Japon ne pourrait réduire ses armements sans compromettre sa sécurité et la paix générale. Quant à l'Arbitrage il ne doit être obligatoire que selon la formule classique « autant que les circonstances le permettent ».

Les Sociétés de la Paix au Japon tiennent surtout à démontrer aux étrangers que leur pays ne recherche aucune conquête et n'est aucunement belliqueux.

En réalité le Japon se croit obligé, lui aussi, de suivre le mouvement général et il invoque exactement, pour suivre les erreurs de l'Europe, les arguments que la Conciliation cherche à réfuter. Nous ne pouvons que donner un résumé de ces arguments bien connus de nos lecteurs, en déplorant que le Japon qui pouvait nous rendre comme l'Amérique un si

grand service en nous apportant le contre-
poison de nos fautes, se borne à les imiter au
moment même où nous commençons à les
juger le plus sévèrement. Nous ne voulons
pas désespérer cependant. Quand les Japonais,
les Turcs, les Américains du Nord et du Sud,
les Russes, les Scandinaves, les Espagnols,
les Italiens, etc., etc., auront compris que le
soi-disant patriotisme de la course aux armements n'est qu'une manœuvre destinée à servir
quelques intérêts particuliers au détriment de
l'intérêt général, ils s'arrêteront plus facile-
ment peut-être que nous dans leur égarement.
Au moins n'aurons-nous rien négligé pour
les avertir.

E. C.

DERNIÈRES PUBLICATIONS DE LA CONCILIATION :

## POUR L'ARBITRAGE
PAR M. ANDREW CARNEGIE

## LA DEUXIÈME CONFÉRENCE DE LA HAYE
DISCOURS PRONONCÉS A LA SÉANCE DE RENTRÉE
DU GROUPE PARLEMENTAIRE FRANÇAIS DE L'ARBITRAGE, 14 NOVEMBRE 1907.

## L'ENTENTE CORDIALE FRANCO-AMÉRICAINE
(LA RÉCEPTION DU 1 JUILLET 1908)

## LA SANCTION DU DROIT INTERNATIONAL
PAR M. ELIHU ROOT

## NOS BULLETINS
JANVIER, MAI, JUILLET, OCTOBRE 1908. (Avec illustrations et graphiques)

## L'ACCORD DES DEUX AMÉRIQUES
PAR M. J. NABUCO (Janvier 1909)

## L'ALLEMAGNE ET L'ARBITRAGE
PAR M. LE P. EICKHOFF, MEMBRE DU REICHSTAG (Février 1909)

## POUR L'AVIATION
UN VOLUME IN-18 ILLUSTRÉ (Mars 1909)

## LA CONCILIATION & LE SYSTÈME MÉTRIQUE
LE DINER FŒRSTER DU 20 MARS 1909 (Avril 1909)

## L'ASSEMBLÉE GÉNÉRALE
DU 24 MARS 1909 (Mai 1909)

## LE RAPPROCHEMENT FRANCO-ALLEMAND
CONFÉRENCE DE M. D'ESTOURNELLES DE CONSTANT A BERLIN. (Juin 1909)

## LA FAUSSE ROUTE
PAR M. ANDREW CARNEGIE (Juillet 1909)

## LA DIPLOMATIE DU DROIT (DISCOURS DE M. L. BOURGEOIS),
M. A. CARNEGIE A LA SORBONNE — LA FONDATION CARNEGIE (Août 1909)

## L'AUGMENTATION DES ARMEMENTS
PAR M. A. CARNEGIE & M. D'ESTOURNELLES DE CONSTANT. (Septembre 1909)

## LES PARLEMENTAIRES RUSSES & OTTOMANS EN FRANCE (Octobre 1909)

## L'AVIATION TRIOMPHANTE
UN VOLUME IN-18 ILLUSTRÉ (Novembre 1909)

## LA VISITE AUX TROIS PARLEMENTS SCANDINAVES (Décembre 1909)

# Collection de la Conciliation Internationale

1. NOTICE BIOGRAPHIQUE.
2. LE PÉRIL PROCHAIN. L'EUROPE ET SES RIVAUX.
3. CONCURRENCE ET CHÔMAGE.
4. LE PÉRIL JAUNE.
5. CONTRE LA REPRÉSENTATION COLONIALE.
6. CONTRE LA PORNOGRAPHIE.
7. POUR L'AGRICULTURE.
8. POUR LES TRANSPORTS.
9. POUR LA LOIRE NAVIGABLE.
10. LETTRES DE LA HAYE.
11. LES RÉSULTATS DE LA CONFÉRENCE DE LA HAYE.
12. LES INTÉRÊTS NATIONAUX.
13. L'ALSACE-LORRAINE.
14. LE TRANSVAAL ET L'EUROPE DIVISÉE.
15. VERS LA FÉDÉRATION EUROPÉENNE.
16. PROGRAMME DU GROUPE DE L'ARBITRAGE.
17. DISCOURS DE BUDA-PESTH.
18. DISCOURS DE CHICAGO.
19. DISCOURS DE LONDRES.
20. LETTRES D'AMÉRIQUE.
21. LE RAPPROCHEMENT FRANCO-ANGLAIS
22. LE MOUVEMENT PACIFIQUE.
23. ÊTRE UTILE.
24. LA CONCILIATION INTERNATIONALE.
25. LA RÉCEPTION DES SCANDINAVES.
26. L'ORGANISATION DE LA PAIX (*) (Discours et articles) (*)
27. LA POLITIQUE DES TEMPS NOUVEAUX (*)
28. LE MENSONGE DU PACIFISME.
29. POUR LA LIMITATION DES DÉPENSES NAVALES.
30. LA FRANCE POURRAIT-ELLE S'ENTENDRE AVEC L'ALLEMAGNE.
31. LES DEUX POLITIQUES.
32. LE PROBLÈME DE LA PAIX.
33. POUR L'ARBITRAGE. (Traduit et publié en 12 langues).
34. LES CONFÉRENCES CONSULAIRES.
35. LIMITATION DES ARMEMENTS. (Londres Juillet 1905)
36. L'ENTENTE CORDIALE EST UN COMMENCEMENT
37. LE DISCOURS DE PITTSBURGH.
38. LES DEUX CONFÉRENCES DE LA HAYE (*
39. LA SANCTION DU DROIT INTERNATIONAL, par M. E. ROOT.
40. L'ENTENTE CORDIALE FRANCO-AMÉRICAINE.
41. LA VISITE DE LONDRES (20-21 Juillet 1908)
42. NOS QUATRE BULLETINS TRIMESTRIELS DE 1908.
43. POUR L'AVIATION. (Mars 1909).
44. NOS DOUZE BULLETINS MENSUELS DE 1909.

Les publications marquées d'une (*) sont en préparation. Les numéros 1 à 10, les numéros 11, 12, 20, 30, sont épuisés. (Les numéros 29, 33, 34, 35, 37, 39 sont en plusieurs langues).

LA FLÈCHE. — IMPRIMERIE CHARIER-BELLAY.